Sov godt, lille ulv

Sleep Tight, Little Wolf

En barnebok på to språk

Ulrich Renz · Barbara Brinkmann

Sov godt, lille ulv

Sleep Tight, Little Wolf

Oversettelse:

David Immanuel Glathe (norsk)

Pete Savill (engelsk)

Lydbok og video:

www.sefa-bilingual.com/bonus

Gratis tilgang med passordet:

norsk: **LWNO2324**

engelsk: **LWEN1423**

God natt, Tim! Vi fortsetter å lete i morgen.

Sov godt nå!

Good night, Tim! We'll continue searching tomorrow.

Now sleep tight!

Utenfor er det allerede mørkt.

It is already dark outside.

Hva holder Tim på med der?

What is Tim doing?

Han går ut til lekeplassen.

Hva leter han etter?

He is leaving for the playground.

What is he looking for there?

Lille ulv!

Uten den kan han ikke sove.

The little wolf!

He can't sleep without it.

Hvem er det som kommer der?

Who's this coming?

Marie! Hun leter etter ballen sin.

Marie! She's looking for her ball.

Og hva er det Tobi leter etter?

And what is Tobi looking for?

Gravemaskinen sin.

His digger.

Og hva er det Nala leter etter?

And what is Nala looking for?

Dukken sin.

Her doll.

Burde ikke barna vært i seng?

Katten undrer seg.

Don't the children have to go to bed?

The cat is rather surprised.

Hvem er det som kommer der?

Who's coming now?

Mammaen og pappaen til Tim!
De får ikke sove uten Tim-en sin.

Tim's mum and dad!
They can't sleep without their Tim.

Og der kommer det enda flere! Marie sin pappa.

Tobis bestefar og Nala sin mamma.

More of them are coming! Marie's dad.

Tobi's grandpa. And Nala's mum.

Nå er det rett til sengs!

Now hurry to bed everyone!

God natt, Tim!

I morgen trenger vi ikke lete likevel.

Good night, Tim!

Tomorrow we won't have to search any longer.

Sov godt, lille ulv!

Sleep tight, little wolf!

Forfatterne

Ulrich Renz ble født i Stuttgart (Tyskland) i 1960. Etter å ha studert fransk litteratur i Paris avsluttet han medisinstudiene i Lübeck og arbeidet som daglig leder i et vitenskapelig forlag. I dag er Renz forfatter. Utover fagbøker skriver han barne- og ungdomsbøker.

www.ulrichrenz.de

Barbara Brinkmann ble født i München i 1969 og vokste opp ved foten av de bayerske Alpene. Hun studerte arkitektur i München og er for tiden forskningsassistent. Hun frilanser som grafisk designer, illustratør og forfatter.

www.bcbrinkmann.de

Liker du å tegne?

Her finner du alle bildene fra historien til å fargelegge:

www.sefa-bilingual.com/coloring

Ha det gøy!

Ulrich Renz · Marc Robitzky

De ville svanene
The Wild Swans

Etter et eventyr av
Hans Christian Andersen

+ audio   + video

norsk   tospråklig   engelsk

De ville svanene

Etter et eventyr av Hans Christian Andersen

▶ For barn fra 4-5 år

„De ville svanene" av Hans Christian Andersen er ikke uten grunn en av verdens mest leste eventyr. I tidløs form gir han uttrykk for det som møter oss i våre liv: redsel, tapperhet, kjærlighet, forræderi, adskillelse og gjenforening.

Tilgjengelig på dine språk?

▶ Sjekk ut med vår „Språkveiviser":

www.sefa-bilingual.com/languages

Min aller fineste drøm

▶ For barn fra 2-3 år

Lulu får ikke sove. Alle kosedyrene hennes drømmer allerede – haien, elefanten, den lille musa, dragen, kenguruen og løveungen. Til og med bamsen kan nesten ikke holde øynene åpne ...

  Du bamse, kan du ta meg med inn i drømmen din?

  Slik begynner reisen til Lulu, den som fører henne gjennom kosedyrenes drømmer – og inn i sin aller fineste drøm.

Tilgjengelig på dine språk?

▶ Sjekk ut med vår „Språkveiviser":

www.sefa-bilingual.com/languages

Special thanks for his IT support to our son, Paul Bödeker, Freiburg, Germany

ISBN: 9783739909288